평등한 나라

요안나 올레흐 글　에드가르 봉크 그림　이지원 옮김

여기는 우주입니다……

에갈리테라 행성에는 에갈리타니아라는 나라가 있어요.
평등한 나라라는 뜻이지요.

이 나라에는 곰들이 살아요.

거의, 4천만이에요.

모든 곰은 평등하다…….

곰 헌법에 쓰여 있어요.

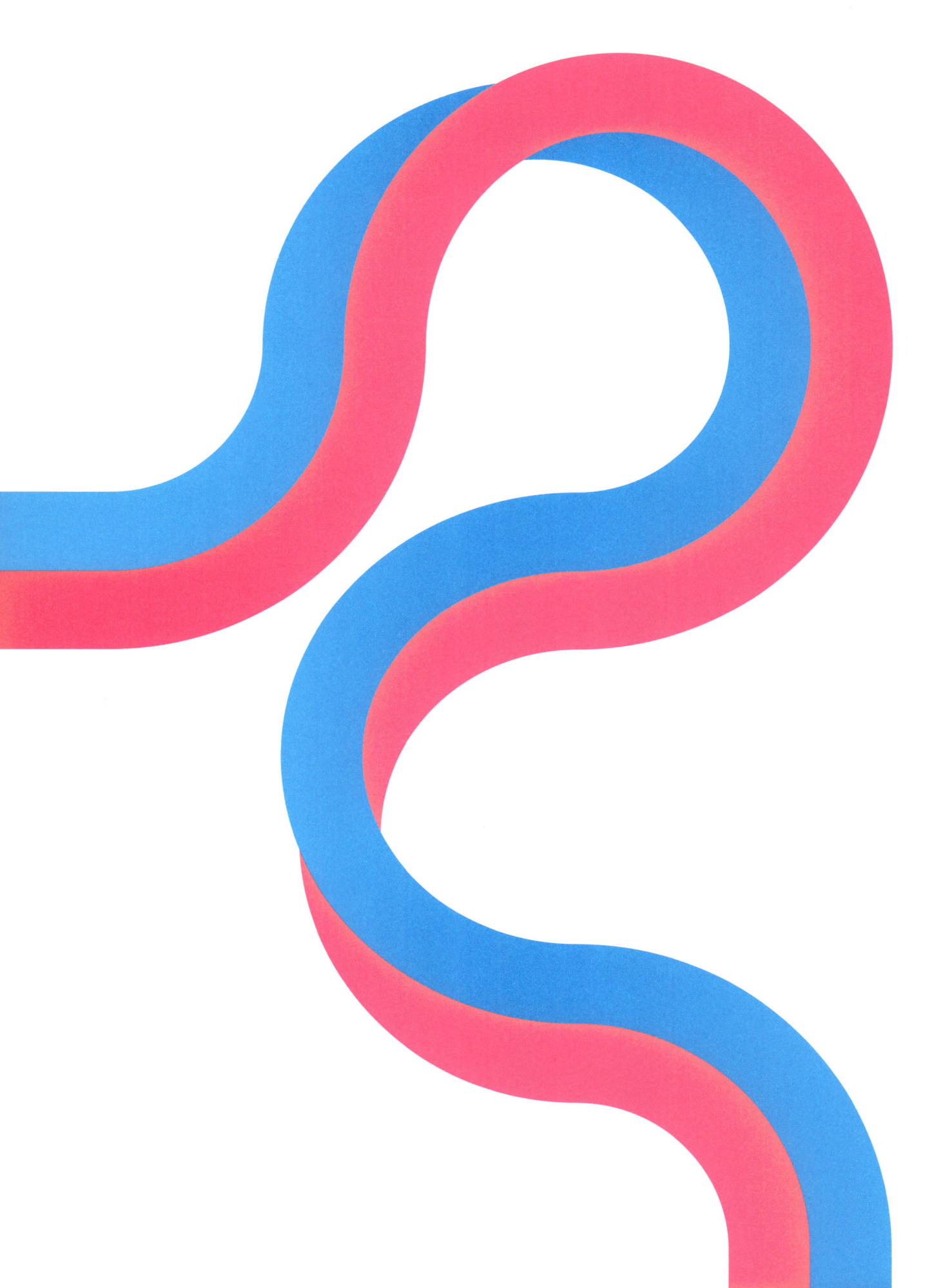

"모든 곰은 평등합니다!"
곰 정부가 말해요.
곰 대통령은 파란 머리를 끄덕여요.

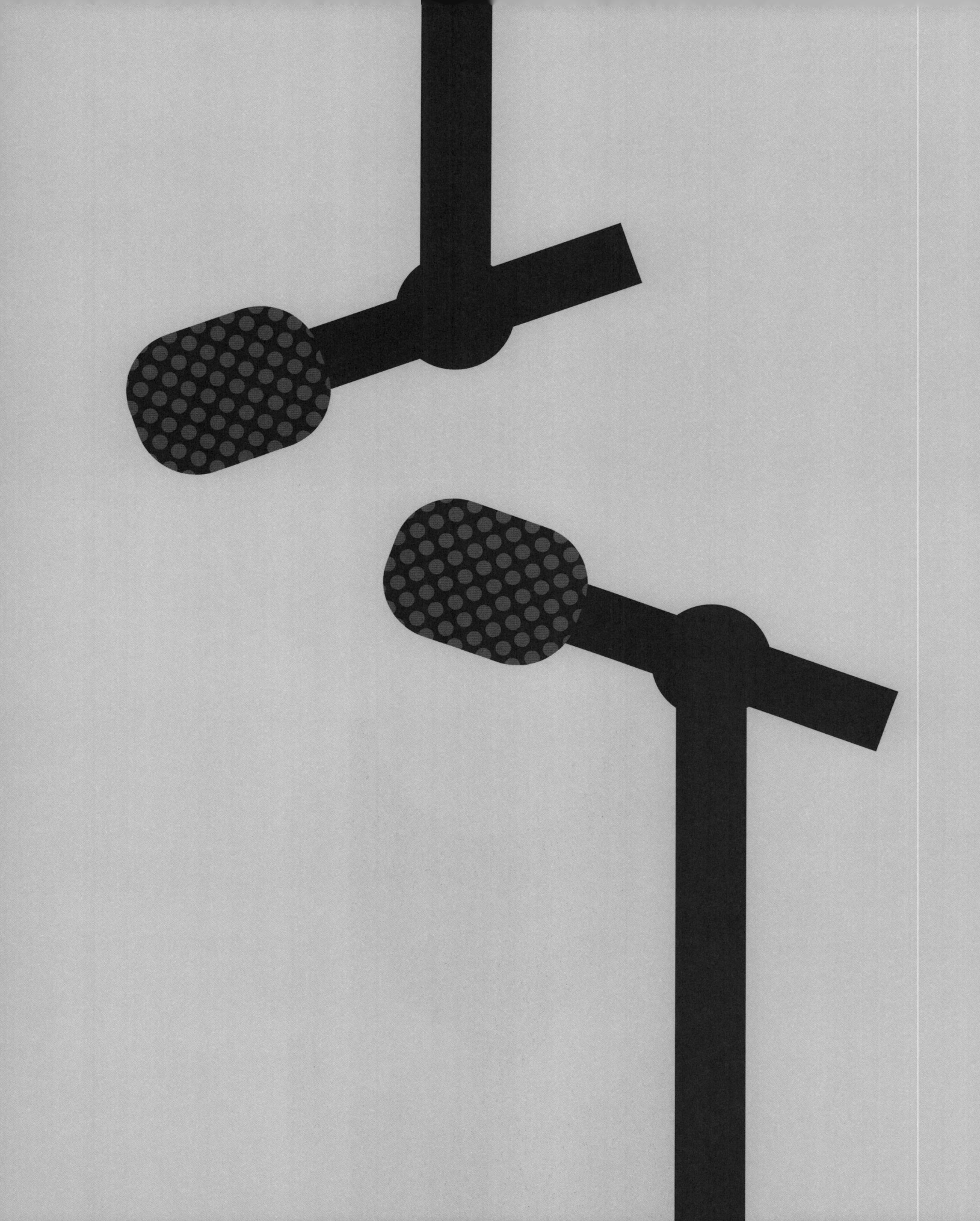

"당연히, 평등하죠."
곰 은행의 은행장들이 넥타이를 고쳐 매며 말해요.

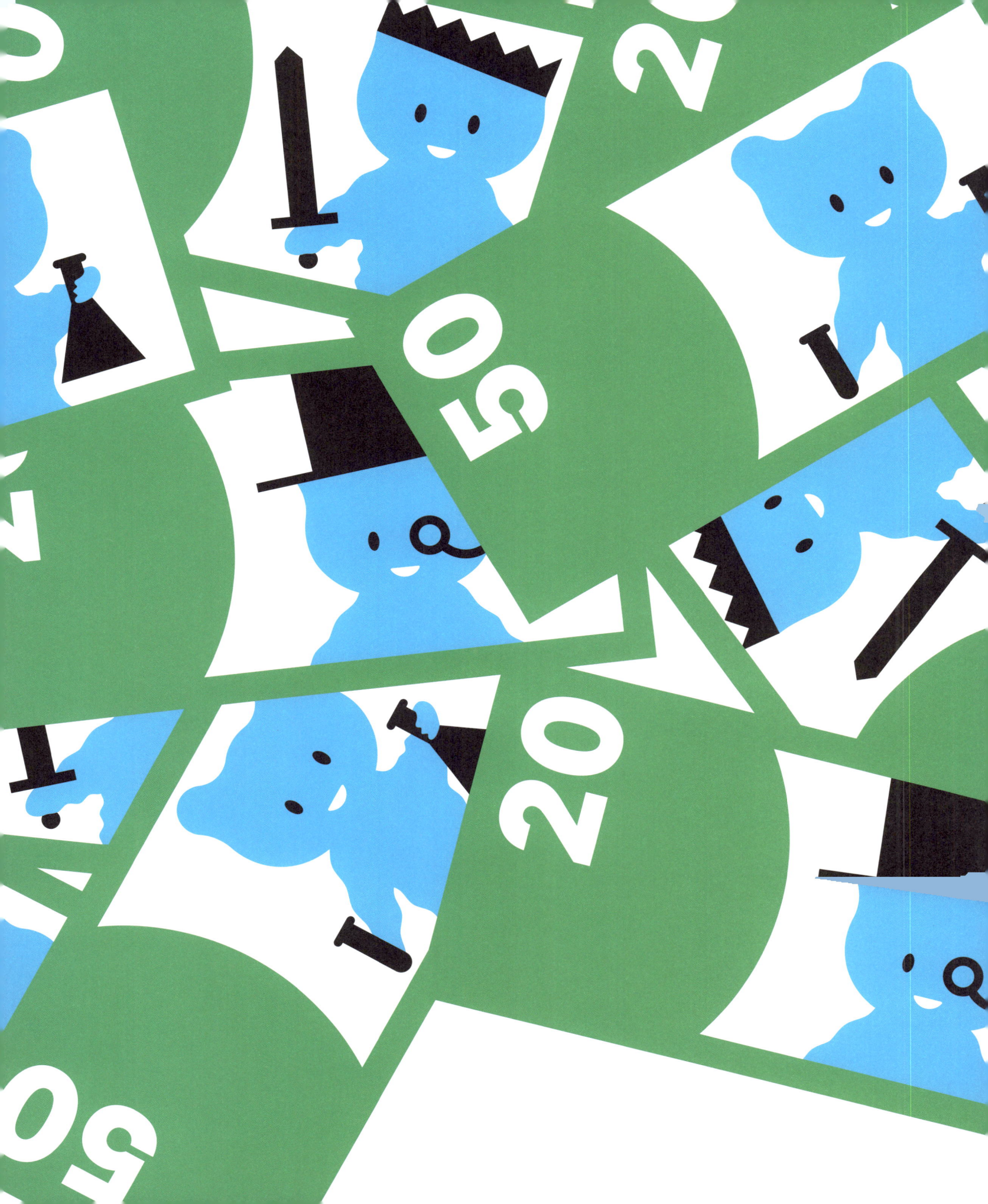

"누구나 평등하다는 걸 알아야 해요."
텔레비전 토론 프로그램에 나오는 곰들이 말해요.

"모두 평등하다! 평등하다! 평등하다!"
곰 정당의 대표들이 외쳐요.

"옳소! 옳소! 옳소!"
곰 의회가 동의해요.

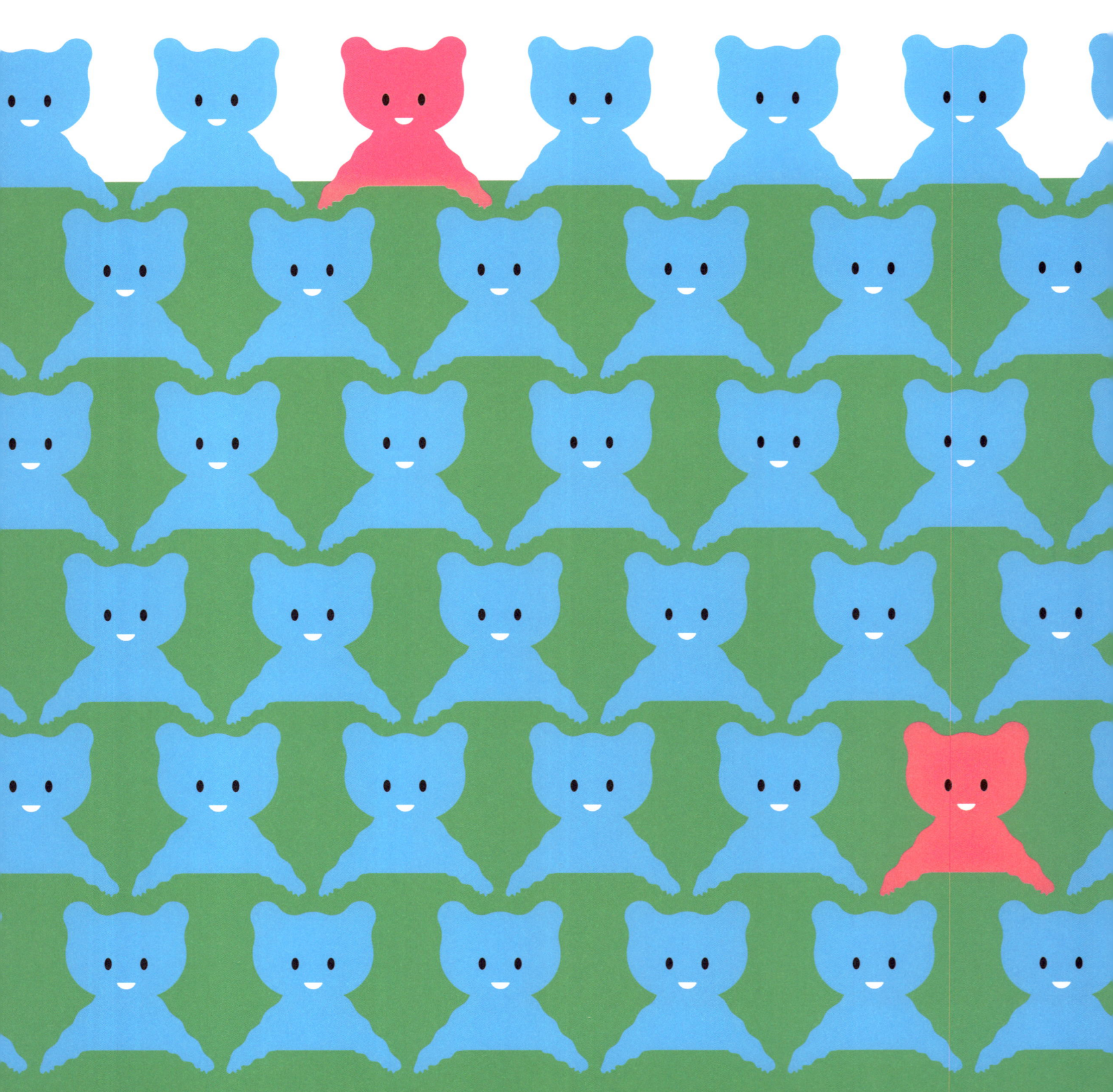

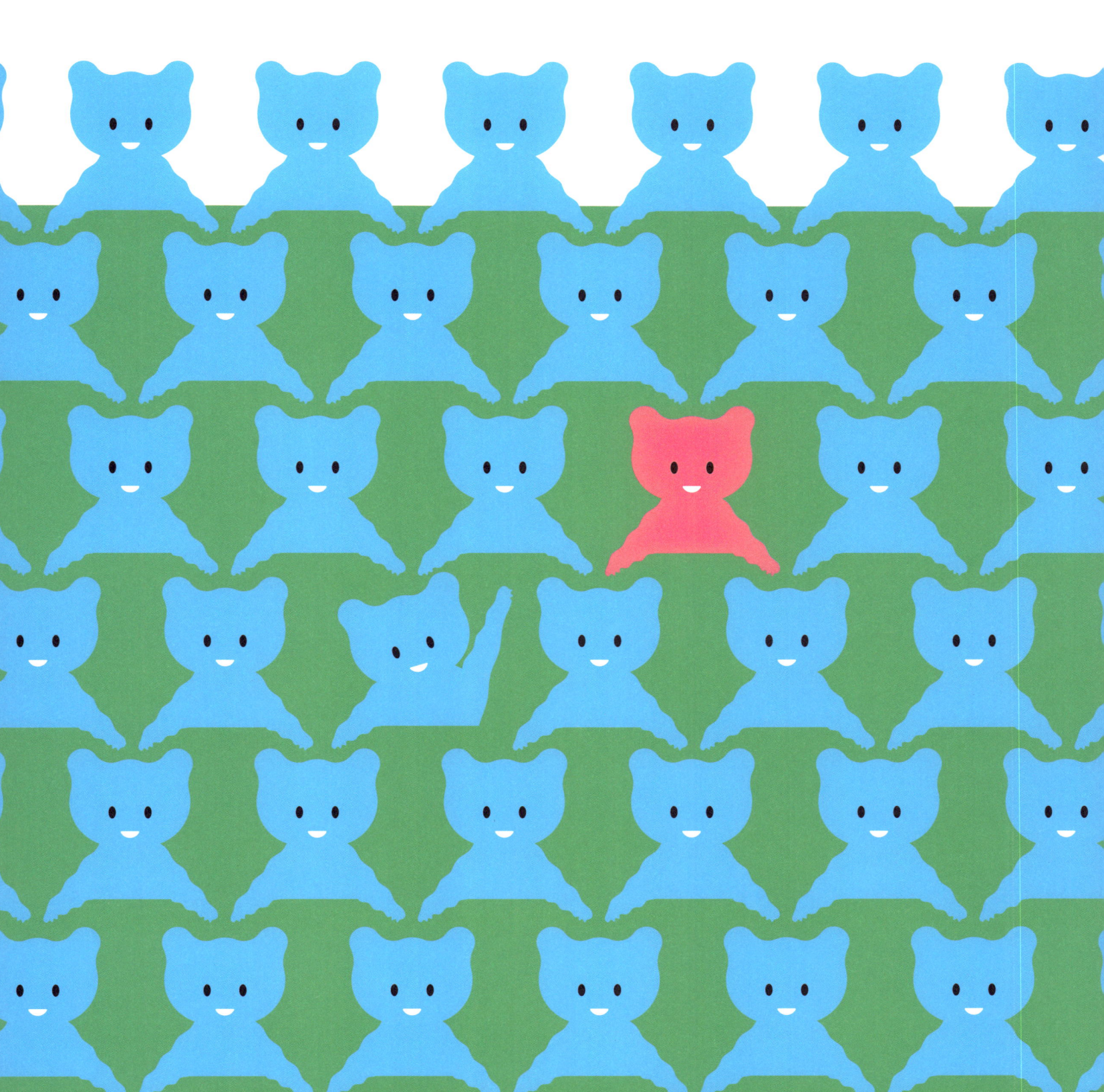

"당연하죠. 어떻게 평등하지 않을 수 있죠?"
회사에서 높은 자리에 있는 곰들이 말해요.

하지만……

"하지만이라뇨? 평등보다 중요한 건 없어요."
곰 신문의 편집장들이 말해요.

"우리는 모두 평등합니다."
곰 신과 종교 지도자들도 말해요.

"파-랑!"
"파-랑!"

"잠깐만요!
혹시…… 제가 보이시나요?"

"정말, 평등한가요?"
유모차를 미는 분홍 곰들이 물어요.

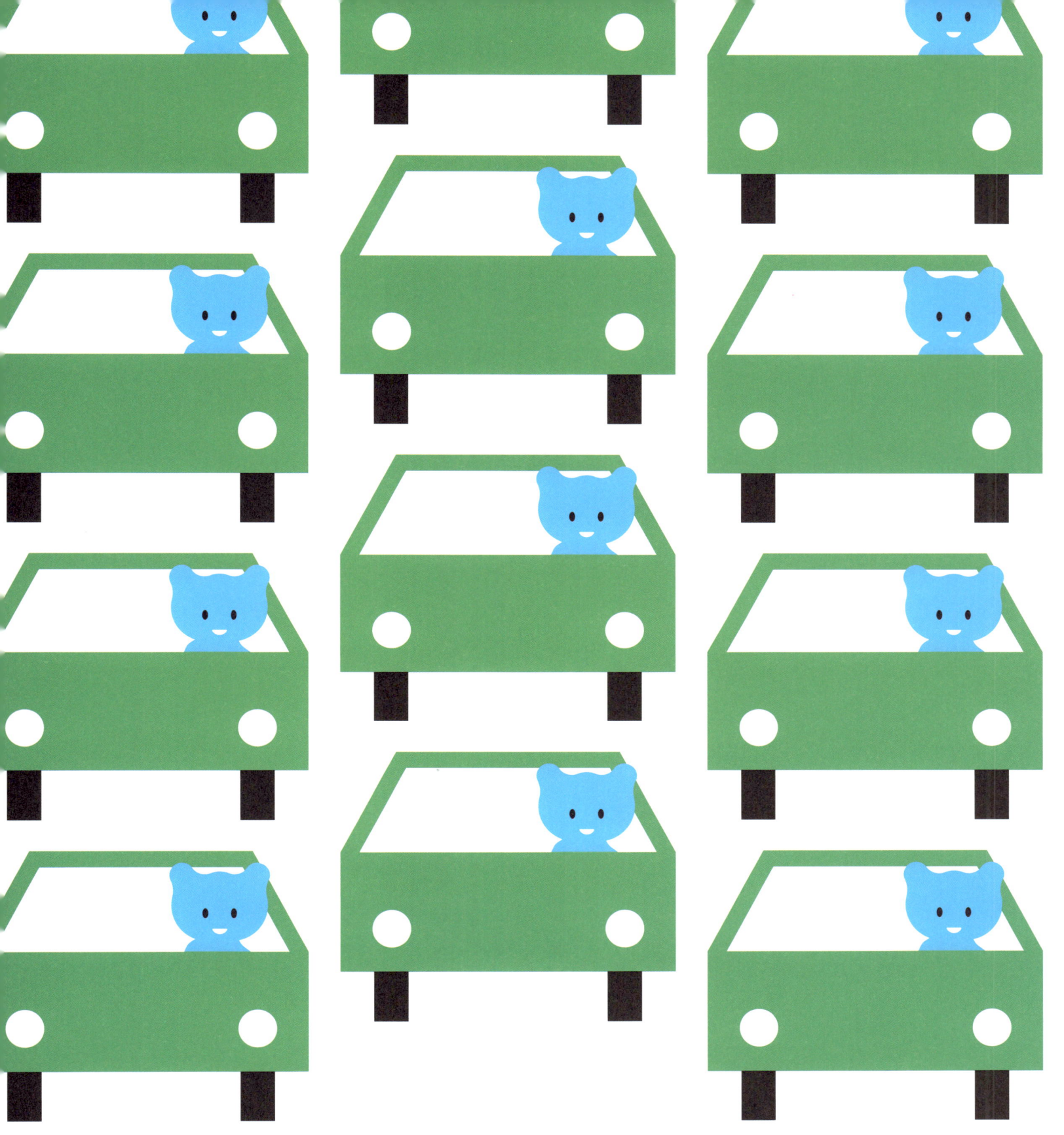

"물론이죠. 우리는 평등해요."
차를 모는 파랑 곰들이 말해요.

"평등하다고요?"

"어떤 줄이 빨리 줄어들까요?"

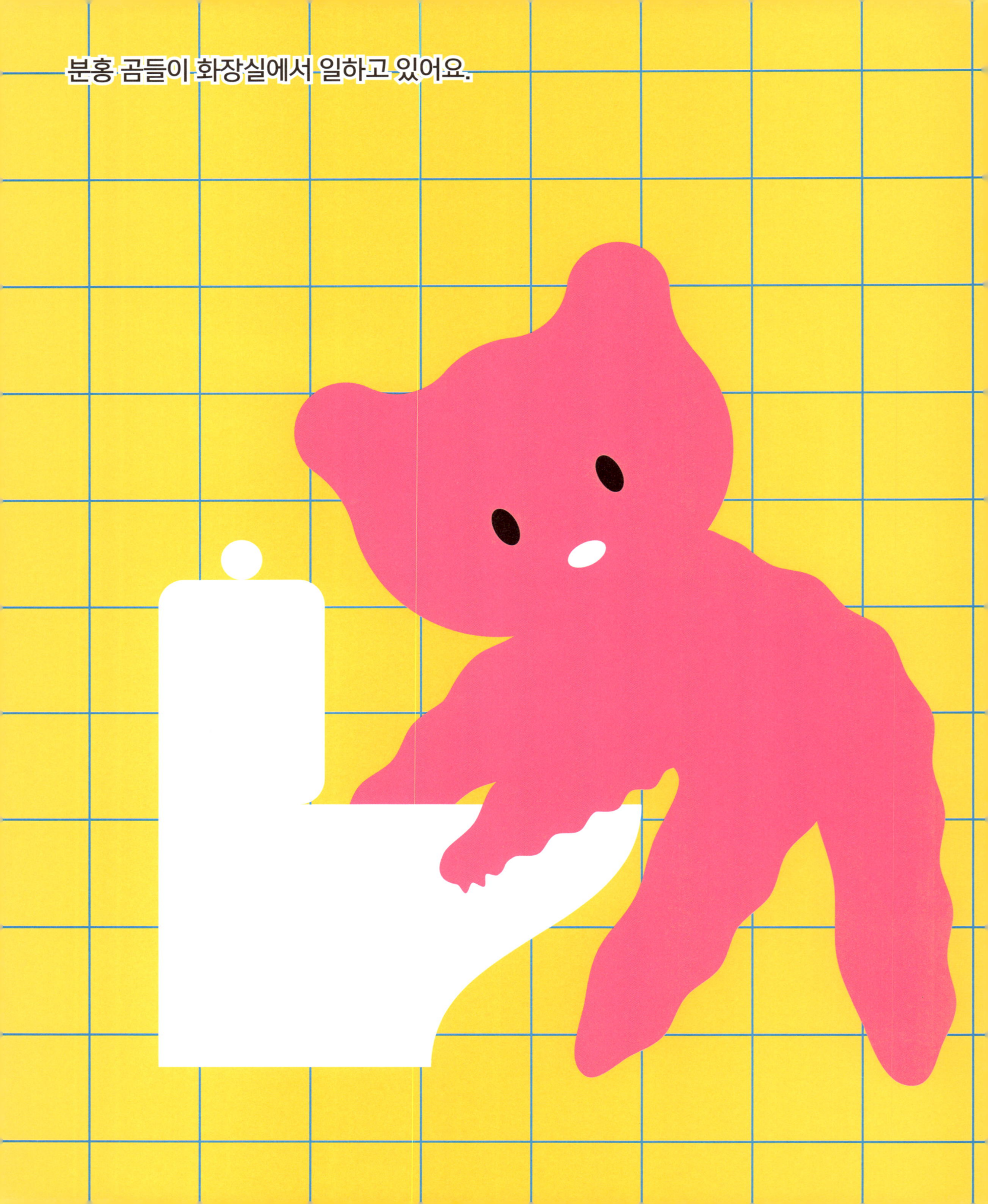

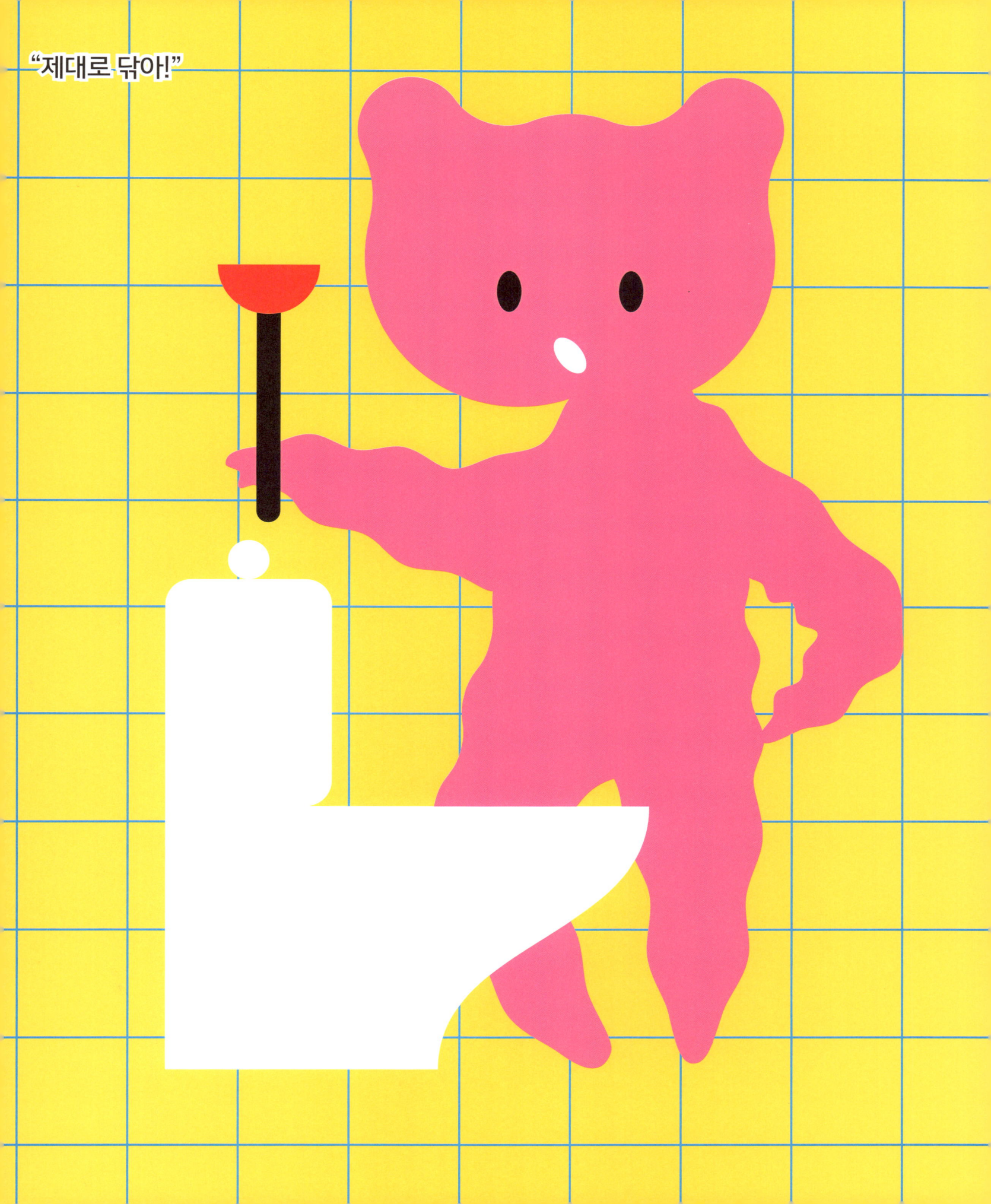

파랑 곰은 소파에 앉아 쉬지요.

*유리 천장 – 여러 분야에서 여성이 높은 자리에 오를 수 없도록 하는 보이지 않는 장벽을 말해요.

"아야!"
유리 천장에 머리를 부딪친 분홍 곰이 소리쳐요.

"으윽!"
끈끈한 바닥에 붙은 분홍 곰이 소리쳐요.

*끈끈한 바닥 sticky floor – 직업 시장에 나타나는 여성 차별 현상을 말해요. 여성에게는 높은 자리에 오르기 힘든 단순 노동이 주어지는 반면, 남성에게는 성공 가능성이 높은 노동이 주어지지요.

"왜 너는 1만 원을 받고, 나는 6천 300원을 받아야 하지?"
분홍 곰이 파랑 곰에게 물어요.

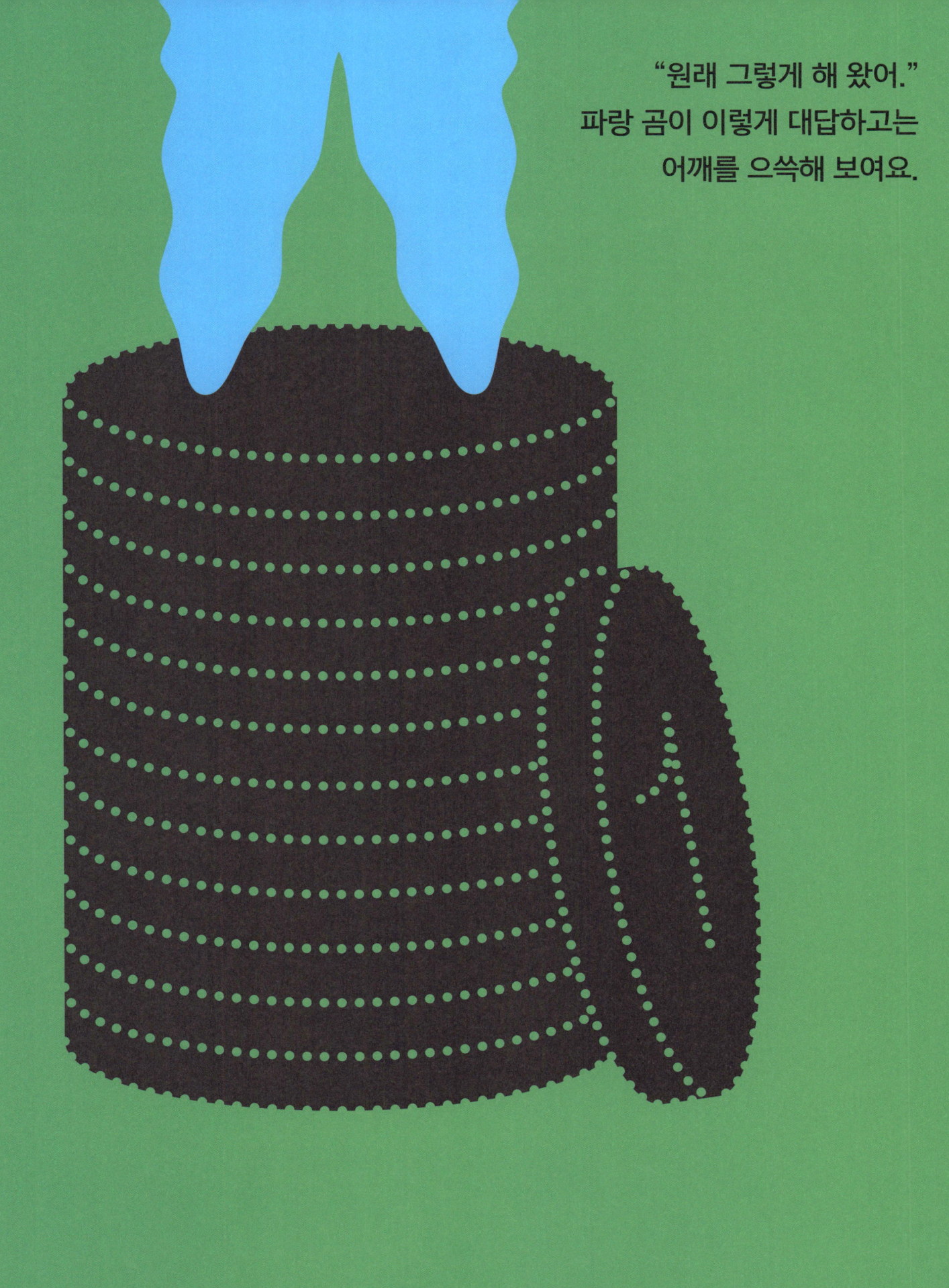

"원래 그렇게 해 왔어."
파랑 곰이 이렇게 대답하고는
어깨를 으쓱해 보여요.

서로의 입장이 되어 보면 어떨까?

그리고 서로의 눈으로 본다면……

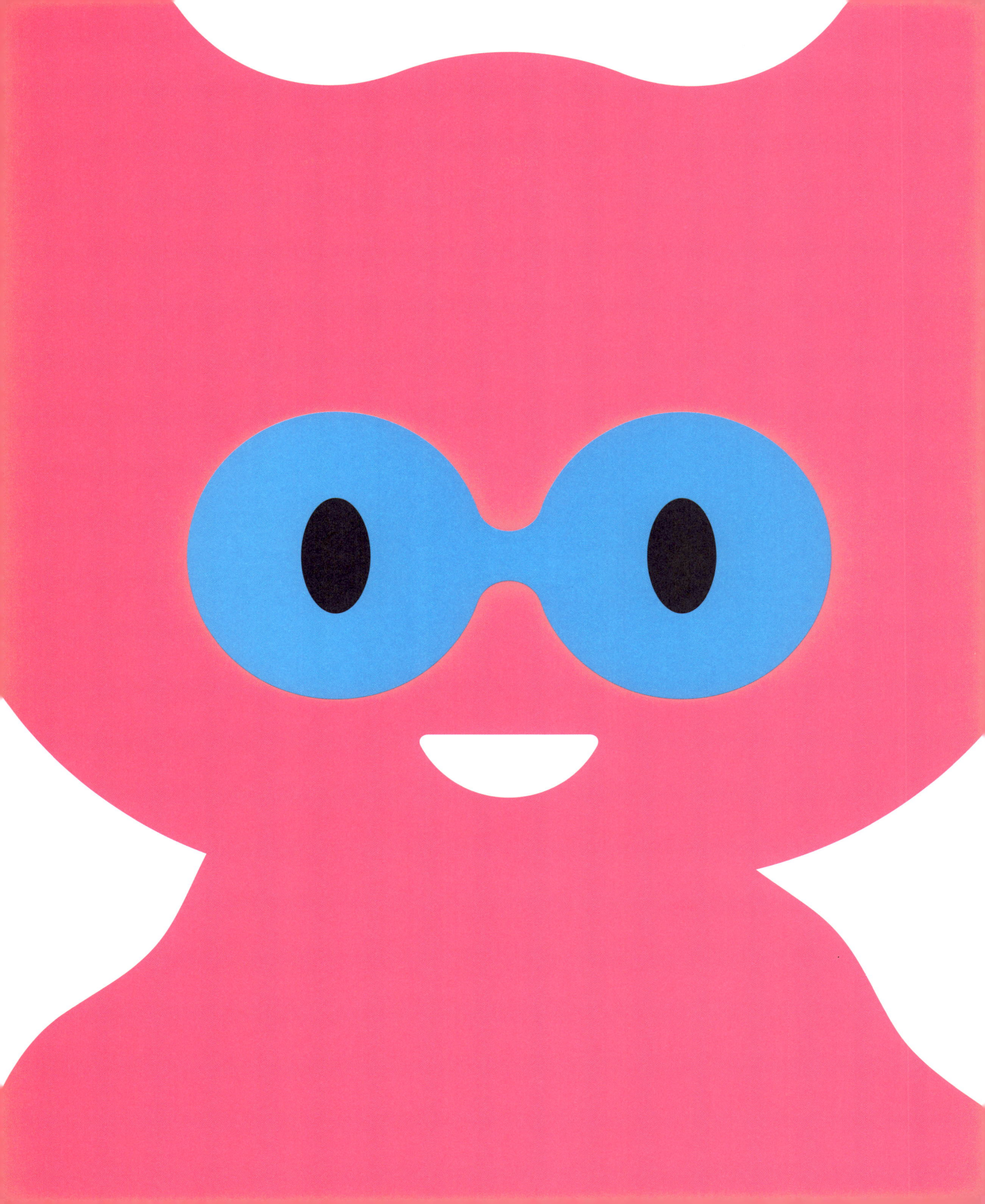

어떻게 보일까?

파랑 곰의 마음

분홍 곰의 마음

평등하게 색칠해 보아요.

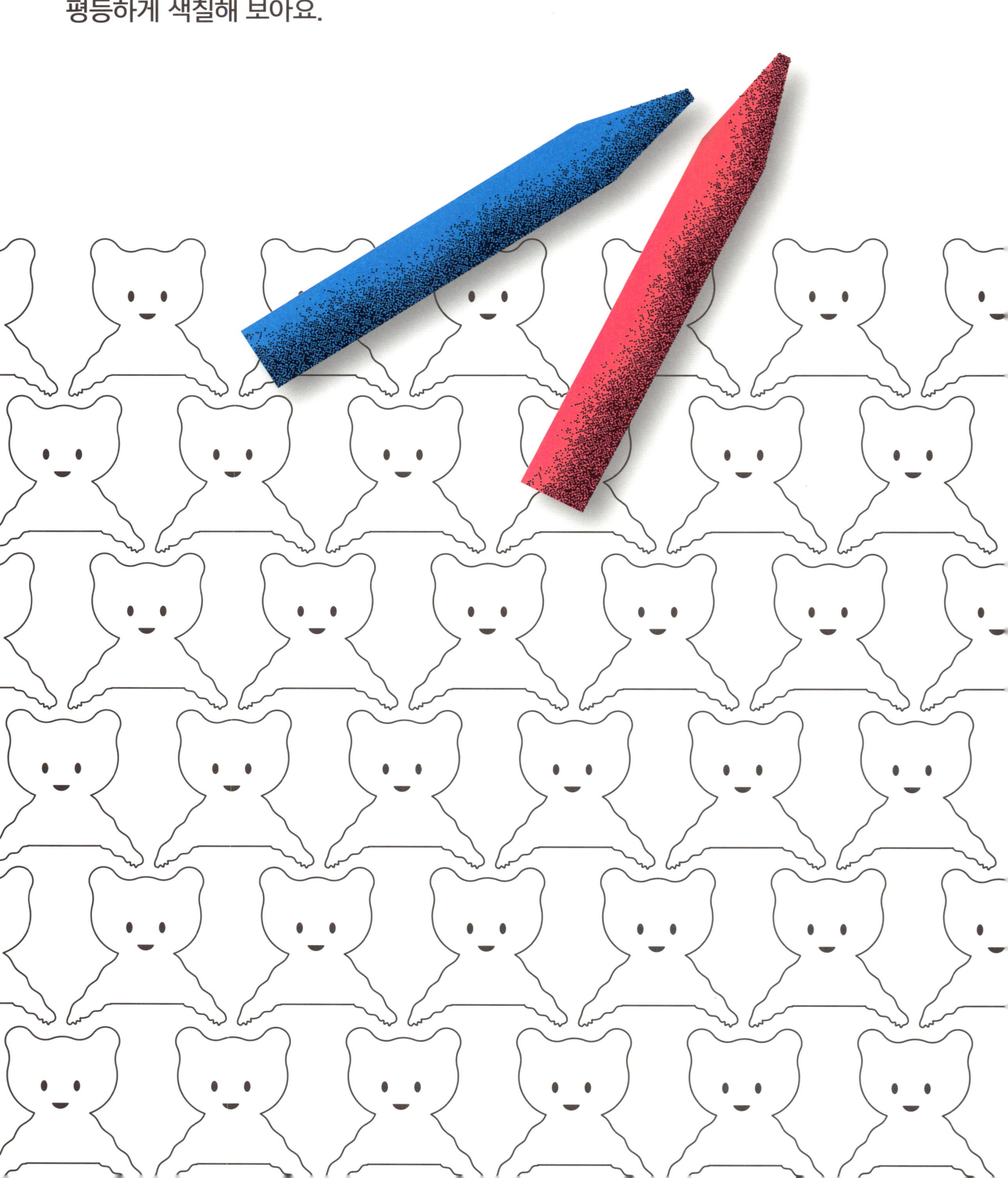

진짜 평등한 나라

초등성평등연구회 김은혜

얼마 전, 우리나라의 유명한 은행에서 믿기 힘든 사건이 있었습니다. 일할 사람들을 뽑을 때, 남성을 많이 뽑기 위해 높은 점수의 여성들을 떨어뜨리고 점수가 낮은 남성들을 합격시켜 주었다는 사실이 드러났지요. 그 결과, 그 은행에 합격한 남성과 여성의 비율은 10:1이었습니다. 이 은행뿐만 아니라 많은 기업에서도 이런 일이 있었다고 합니다.

직장에 들어갈 때에도 성차별이 존재하지만 직장에서 일하면서 일어나는 성차별 역시 굉장히 심각합니다. 우리나라의 상위 30대 기업의 임원 중 남성은 96명에 달합니다. 반면 여성 임원은 고작 4명밖에 되지 않습니다.[*] 여성이 아무리 직장에서 능력을 발휘해도 여성이라는 이유만으로 더 높은 자리에 올라갈 수가 없는 것이지요. 더구나 직장에 들어간다고 해도 여성은 결혼이나 임신, 출산 후에는 다니던 직장을 잃게 되는 경우가 많습니다.

똑같은 직장을 다니고 경력이 더 많아도 여자라는 이유로 월급을 더 적게 받는 일도 많이 일어납니다. 현재 우리나라에서는 남자가 100을 받을 때 여자는 약 63만큼밖에 받지 못한답니다.[**] 여성은 직장을 구하는 것도, 더 높은 자리에 올라가는 것도, 월급을 받는 것도 모두 심각하게 차별을 받고 있어요.

뿐만 아니라 사회에서 중요하게 여겨지는 일들은 남성에게 우선권이 가지만, 월급을 받지 않는 가사 노동의 책임은 대부분 여성에게 갑니다. 여성과 남성이 함께 직장을 다녀도 여성은 3시간 이상 가사 노동을 하는 반면 남성은 40분 정도만 합니다. 남성 혼자 직장을 다닐 경우에는 여성은 6시간의 가사 노동을 하고, 남성은 40분 정도의 가사 노동을 하고요. 하지만 놀랍게도 여성만 직장을 다닐 경우 여성은 2시간 30분가량의 가사

---

[*] 2018 인크루트 조사 통계
[**] 2017년 서울시 성(性)인지 통계

노동을 하고, 남성은 1시간 30분 정도밖에 하지 않습니다. 여성의 일과 남성의 일이 확실하게 결정되어 있는 셈이지요.

학교나 집에서도 성차별은 존재합니다. 많은 학교가 남자아이에게는 1번부터 번호를 주고 여자아이에게는 41번이나 51번부터 번호를 줍니다. 남자아이들은 힘이 세고 활발해야 한다고 가르치고, 여자아이들은 얌전하고 꼼꼼해야 한다고 가르치지요. 교복을 입을 나이가 되면 여학생들은 상대적으로 움직이기 불편한 작고 딱 붙는 치마를 입어야 합니다. 여학생이 속옷이 보이면 단정하지 않다고 더운 여름에도 교복 안에 옷을 겹쳐 입고 다녀야 하지요. 많은 어른들이 남학생이 여학생보다 공부를 더 잘하고, 더 뛰어나다는 이야기를 자주 합니다.

우리 사회처럼 여성과 남성을 구분 짓고 남성에게 우선권을 주면, 남성이 사회적인 힘을 더 많이 가지게 됩니다. 사회적인 힘이 어느 한쪽에 심하게 몰리면 여러 문제가 일어납니다. 힘이 센 쪽이 재산을 더 많이 가져가거나, 힘이 약한 사람을 짓누르려고 할 때가 많기 때문이에요. 그럴수록 그들의 힘은 더 세지지요.

실제로 우리나라 여성의 가난함 지수는 OECD국가 중에 가장 심각합니다. 직업을 가지는 일이나 월급을 받는 일에서 많은 차별을 받기 때문이에요. 여성이 피해자가 되는 경우도 무척 심합니다. 가정 폭력 피해자의 92%가 여성이고, 성폭력 피해자의 여성 비율은 98%나 됩니다.

이런 사회를 바꾸기 위해서는 나라를 이끌어 나가는 지도층이 많이 바뀌어야 하는데 2018년 지방 선거 결과에서도 심각한 성차별이 나타났습니다. 시와 도를 이끌어나가는 시도지사 17명 중 여성은 한 명도 없었습니다. 구청장, 시장, 군수의 자리에 226명이 당선되었는데 그중 여성은 8명뿐이었습니다. 우리나라의 절반은 여성인데 나라를 대표하는 자리에는 여성이 거의 없습니다. 참 이상한 일이지요?

에갈리타니아가 평등하다고 이야기하는 곰들은 모두 더 많은 힘과 더 많은 돈을 가지고 있습니다. 그렇지 못한 곰들에게 에갈리타니아가 정말 평등한 나라라고 느껴질까요? 여러분이 지금 살고 있는 우리나라는 에갈리타니아와 안타깝게도 참 많이 닮아 있습니다. 이 책을 읽으며 진짜 평등한 나라가 되려면 무엇이 달라져야 하는지 생각해 보기 바랍니다.

요안나 올레흐 글
폴란드 그다인스크 국립미술대학교에서 회화 및 그래픽 디자인을 전공한 이후, 그다인스크에서 그래픽 디자이너로 오랫동안 활동했어요. 1994년 《열두 살의 판타스틱 사생활》이 폴란드에서 가장 큰 어린이문학상인 코르넬 마쿠쉰스키상을 수상하며 글 작가로도 인정받았어요.

에드가르 봉크 그림
폴란드에서 활동하는 일러스트레이터로 디자인 작업이나 포스터 작업을 주로 해요. 화려한 색감으로 많은 사랑을 받고 있어요.

이지원 옮김
한국외국어대학교에서 폴란드어를 공부하고 폴란드에서 어린이책 일러스트레이션의 역사를 연구해 박사 학위를 받았어요. 현재 학생들을 가르치며 어린이책 연구가로 활동하고 있지요. 옮긴 책은 '풀빛 지식 아이' 시리즈의 《꿀벌》과 '예술 쫌 하는 어린이' 시리즈의 《생각하는 건축》《상상하는 디자인》《꿈꾸는 현대 미술》《표현하는 패션》《아이디어 정원》과 《또 다른 지구를 찾아서》 등이 있어요.

풀빛 그림 아이

평등한 나라

초판 1쇄 발행 2018년 7월 30일 | **초판 4쇄 발행** 2022년 12월 16일
글 요안나 올레흐 | **그림** 에드가르 봉크 | **옮김** 이지원
펴낸이 홍석 | **이사** 홍성우 | **편집부장** 이정은 | **편집** 김세영 · 박고은 · 조유진 | **디자인** 권영은
마케팅 이송희 · 한유리 · 이민재 | **관리** 최우리 · 김정선 · 정원경 · 홍보람 · 조영행 · 김지혜
펴낸곳 도서출판 풀빛 | **등록** 1979년 3월 6일 제2021-000055호
주소 서울특별시 강서구 양천로 583 우림블루나인 A동 21층 2110호
전화 02-363-5995(영업) 02-362-8900(편집) | **팩스** 070-4275-0445
전자우편 kids@pulbit.co.kr | **홈페이지** www.pulbit.co.kr
블로그 blog.naver.com/pulbitbooks | **인스타그램** instagram.com/pulbitkids

ISBN 979-11-6172-086-9 77330

이 도서의 국립중앙도서관 출판예정도서목록(CIP)은 서지정보유통지원시스템 홈페이지(http://seoji.nl.go.kr)와 국가자료공동목록시스템(http://www.nl.go.kr/kolisnet)에서 이용하실 수 있습니다. (CIP제어번호:CIP2018021445)

Egaliterra by Joanna Olech & Edgar Bąk
Copyright ⓒ Wytwórnia Magdalena Kłos-Podsiadło, 2017
www.wytwornia.com
All rights reserved
Korean translation copyright ⓒ Pulbit Publishing Company, 2018
Korean translation rights arranged with Wytwornia Magdalena Kłos-Podsiadło through Orange Agency

이 책의 한국어판 저작권은 오렌지 에이전시를 통해 Wytwórnia사와의 독점 계약으로 "풀빛출판사"에 있습니다. 저작권법에 의해 한국 내에서 보호를 받는 저작물이므로 무단전재와 무단복제를 금합니다.

파본이나 잘못된 책은 구입하신 곳에서 바꿔드립니다.

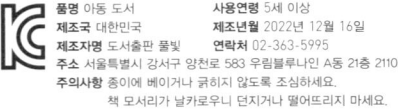

품명 아동 도서 **사용연령** 5세 이상
제조국 대한민국 **제조년월** 2022년 12월 16일
제조자명 도서출판 풀빛 **연락처** 02-363-5995
주소 서울특별시 강서구 양천로 583 우림블루나인 A동 21층 2110호
주의사항 종이에 베이거나 긁히지 않도록 조심하세요.
책 모서리가 날카로우니 던지거나 떨어뜨리지 마세요.
KC마크는 이 제품이 공통안전기준에 적합하였음을 의미합니다.

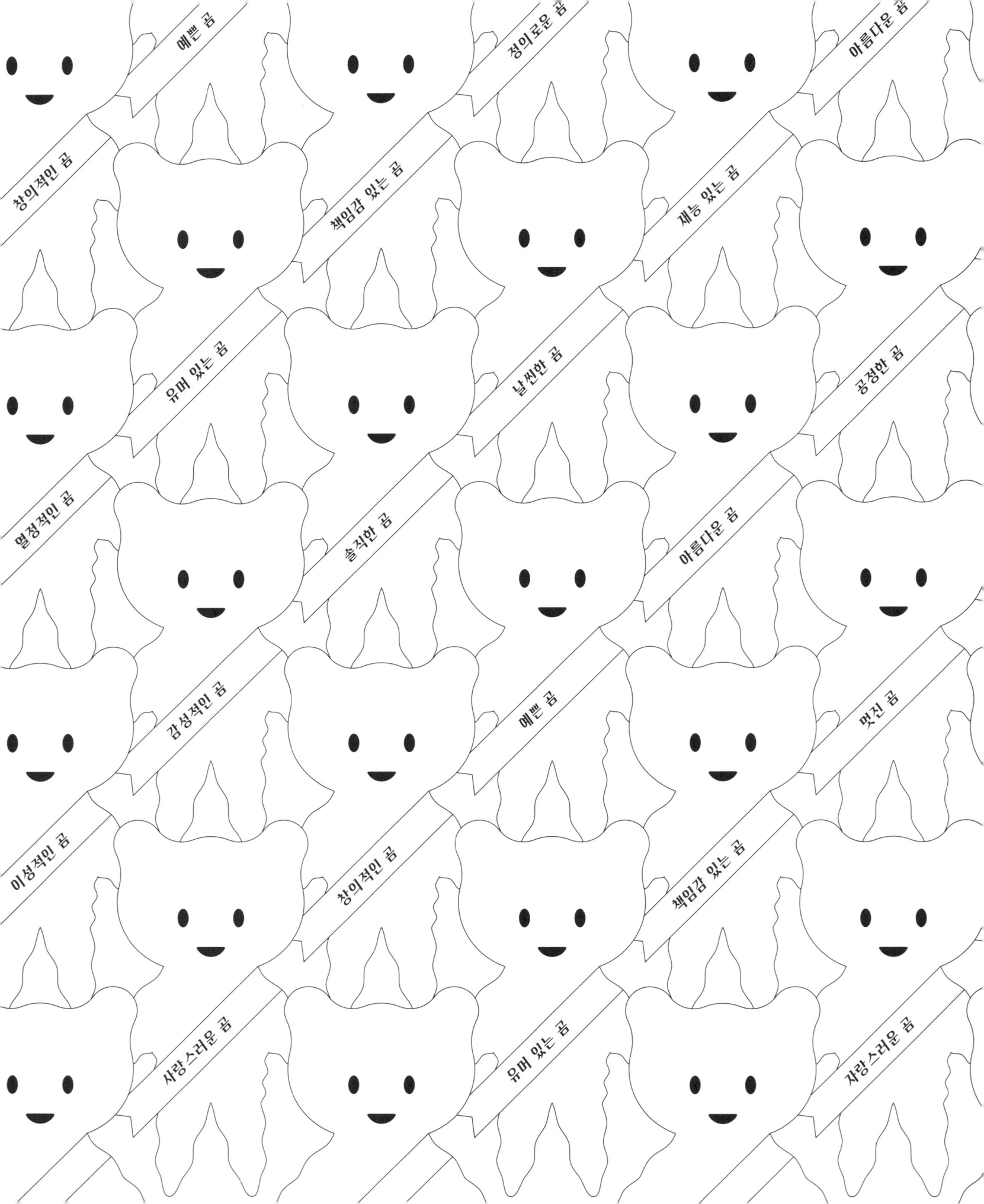